Rosa

Ursel Scheffler

Hör zu, lieber Gott...

Kindergebete

Mit Bildern
von Betina
Gotzen-Beek

Herder Freiburg · Basel · Wien

Hör zu, lieber Gott ...

*Beten, das heißt mit Gott reden.
Man kann laut und leise beten,
zusammen mit anderen,
oder ganz allein...
Man kann Gebete auswendig lernen,
man kann Gebete lesen,
oder man kann sich seine eigenen Gebete
ausdenken.
Gott hört auch ganz leise Gebete.
Erzähl deinem Vater im Himmel,
was dich bedrückt.
Gott hört dich immer!*

Morgengebete

*Während du geschlafen hast,
ist in Stadt und Land viel passiert!
Das kann man gleich morgens in den
Nachrichten hören:
Es gibt schreckliche Kriege auf der Welt,
gewaltige Erdbeben, Überschwemmungen
oder schwere Unfälle.
Viele Menschen sind krank, traurig,
hungrig oder unglücklich.
Aber du bist heute froh und gesund aufgewacht.
Das ist doch ein Grund, um dem lieben Gott
dafür zu danken.*

Gott, ich danke dir von Herzen,
dass du mich in dieser Nacht
vor Gefahr, Angst, Not und Schmerzen
hast behütet und bewacht.
Behüte mich auch diesen Tag,
dass mir kein Leid geschehen mag.
Amen.

Wie fröhlich bin ich aufgewacht,
wie hab ich geschlafen
so sanft die Nacht.
Hab Dank im Himmel, du Vater mein,
dass du hast wollen bei mir sein.
Behüte mich auch diesen Tag,
dass mir kein Leid geschehen mag.

Danke, mein Gott,
für diesen schönen Morgen,
für die Sonne, für mein Frühstück,
für meine Eltern,
für alles, was das Leben schön macht.
Danke, dass ich gesund bin.
Amen.

Gott, du hast in dieser Nacht
über Haus und Stadt gewacht,
beschütze alle, die ich mag
und segne diesen neuen Tag.

Lieber Gott, ich bitte dich,
schau auch diesen Tag auf mich,
was ich denke, red und tu,
gib deinen Segen mir dazu!

Herr, das hast du uns gegeben:
Gesundheit und ein frohes Leben,
zwei Augen, deine Welt zu sehn,
ein Herz, dein Wort recht zu verstehn.
Drum soll mein Mund dich ewig loben
und preisen dich, den Schöpfer droben
zu rühmen deinen heilgen Namen,
für alle Zeit und ewig,
Amen.

Hilf, lieber Gott und steh uns bei,
dass dieser Tag gesegnet sei.
Amen.

Lieber Gott, ich bitte dich,
behüte und beschütze mich.
Bleib den ganzen Tag bei mir.
Lieber Gott ich danke dir!

Woher alles kommt

Morgens, wenn du aufstehst,
regnet es vielleicht.
Du hättest viel lieber Sonnenschein.
Kein Mensch auf der Welt kann die Sonne
scheinen lassen oder den Regen abstellen.
Da ist jemand, der klüger, größer,
stärker ist als alle Menschen.
Da ist Gott.

Wer hat die Sonne denn gemacht,
den Mond und all die Sterne?
Wer hat den Baum hervorgebracht,
die Blumen nah und ferne?
Wer schuf die Tiere groß und klein,
wer gab auch mir das Leben?
Das tat der liebe Gott allein,
drum will ich Dank ihm geben.
Amen.

Was nah ist und was ferne,
von Gott kommt alles her:
der Stohhalm und die Sterne,
das Sandkorn und das Meer.

Von ihm sind Büsch und Blätter
und Korn und Obst von ihm,
das schöne Frühlingswetter
und Schnee und Ungestüm.

Er lässt die Sonn aufgehen,
er stellt des Mondes Lauf,
er lässt die Winde wehen
und tut die Wolken auf.

Er schenkt uns soviel Freude,
er macht uns frisch und rot;
er gibt dem Vieh die Weide
und seinen Menschen Brot.

Bäche, Flüsse, Berge, Meere,
alles Leichte, alles Schwere,
Fröhlichkeit und Traurigsein,
Sonne, Mond und Sternenschein,
Felder, Wiesen, Bäume, Büsche,
Menschenkinder, Vögel, Fische,
großes Glück und schwere Not
kommt von dir, du großer Gott.
Hilf uns in den schweren Zeiten,
lass uns nicht im Unglück leiden.
Amen.

Du gibst uns Kleid und Brot,
du stillst des Leibes Not,
gibst Sonnenschein und Regen,
hab Dank für allen Segen.

Wie sieht Gott aus?

Kein Mensch auf der Welt hat Gott jemals gesehen. Daher stellt sich jeder Gott ein bisschen anders vor.
Maler und Bildhauer haben zwar oft versucht, Gott darzustellen.
Aber Gott ist so groß und unfassbar, dass man ihn nicht auf einem Bild festhalten oder aus einem Stein herausmeißeln kann.
Aber du kannst Gott in deinem Herzen festhalten und ihn in all den Dingen erkennen, die er geschaffen hat.

Wo ich gehe, wo ich stehe,
ist der liebe Gott bei mir.
Wenn ich ihn auch niemals sehe,
weiß ich sicher, Gott ist hier.

Ich hab Augen, lieber Gott,
mit denen ich sehen kann,
wie schön die Welt ist.
Ich hab Ohren, lieber Gott,
mit denen ich die Lieder der Vögel
hören kann und die Stimmen
meiner Freunde.
Ich hab eine Nase,
mit der ich den Duft der Blumen rieche
und den Geruch von frischem Kuchen.
Ich hab Hände und Füße,
mit denen ich die Welt um mich
entdecken kann.
Ich hab einen Mund mit dem ich essen
und reden kann.

Ich hab ein Herz in dem Freude und
Liebe steckt und mit dem ich fühle,
dass du es gut mit mir meinst.
Ich hab einen Kopf, der mir sagt,
dass ich dir dafür von ganzem Herzen
danken muss.
Amen.

Lieber Gott,
du hast die Welt gemacht
und alles was drin ist.
Menschen, Tiere, Berge, Flüsse,
Wälder, Meere.
Hilf doch, dass wir mit dem,
was du uns anvertraut hast,
sorgsam und verantwortungsvoll
umgehen.
Gib doch, dass die Menschen,
die die Natur ausbeuten
und unsere Umwelt beschädigen
oder zerstören, zur Vernunft kommen,
ehe es zu spät ist.

Lieber Gott,
du hast uns einen gesunden Körper geschenkt. Lass uns vernünftig und dankbar damit umgehen.
Lass uns rücksichtsvoll und hilfsbereit allen Menschen gegenübertreten, die krank, alt oder behindert sind.

Schutz auf allen Wegen

Auf dem Weg zum Kindergarten, zur Schule, zur Arbeit und auch auf dem Nachhauseweg kann viel passieren.
Wir können den lieben Gott um Schutz bitten.
Vielleicht denken wir dann auch dran, selber besser auf uns und auf andere aufzupassen.

Lieber Gott, die Schule beginnt,
leg deine Hand auf jedes Kind,
dass wir alle mit deinem Segen
gut und gerne lernen mögen.
Amen.

Gib uns, eh wir gehn nach Haus
deinen väterlichen Segen.
Breite deine Hände aus,
leite uns auf allen Wegen.
Amen.

Wir gehen aus der Schule fort,
Herr, bleib bei uns mit deinem Wort,
mit deinem Schutz und Segen
auf allen unseren Wegen.
Amen.

Lieber Gott,
behüte uns im Straßenverkehr.
Pass auch auf Papa und Mama auf
und auf alle Leute, die im Auto,
Flugzeug oder Schiff unterwegs sind.
Auch auf Busfahrer,
Taxifahrer und Lokführer.
Lass alle heil und gesund
wieder nach Hause kommen.

Streit und Versöhnung

Man versteht sich nicht mit allen Menschen
gleich gut. Manchmal gibt es Streit.
Mit Nachbarn, mit Freunden, in der Familie.
Oft ist es schwer zu sagen,
wer angefangen hat. Manchmal
fühlt man sich ungerecht behandelt.
Manchmal ist man auch selbst schuld.
Man ist neidisch oder eifersüchtig,
ungerecht oder gemein.
Das sieht Gott nicht gern.

Unausstehlich war ich heute,
hab geärgert alle Leute,
War mit schuld an Krach und Streit,
lieber Gott, es tut mir leid!

Lieber Gott,
wir bitten dich,
lass uns nicht ungerecht sein
gegenüber anderen
oder schlecht über sie reden.
Lass uns rücksichtsvoll sein
gegenüber Schwächeren.
Wenn wir mit anderen gestritten haben,
hilf uns, dass wir den Mut haben,
sie um Verzeihung zu bitten
und den ersten Schritt
zur Versöhnung zu tun.
Wir danken dir für deine Hilfe.
Amen.

Lieber Gott,
ich weiß, das Raufen und das Streiten
magst du nicht besonders leiden,
auch das Brüllen muss nicht sein,
ich bitte dich, mir zu verzeihn.

Lieber Gott,
manchmal will ich nichts hergeben,
ich will alles für mich haben,
ich bin neidisch oder eifersüchtig.
Danach bin ich ganz unglücklich.
Bitte hilf mir,
dass ich mit anderen teilen kann,
dass ich andere genauso mag,
wie ich möchte, dass sie mich mögen.

Mein Gott,
lass mich nicht mit Worten oder Taten
andere verletzen.

Lass mich fair sein,
nicht nur beim Sport.
Wenn sich Freunde nicht vertragen,
gibt es Streit.
Wenn sich Völker nicht vertragen,
gibt es Krieg.
Bitte gib, dass aus Feinden
Freunde werden.
Bei uns und anderswo.
Lass die Kriege in der Welt aufhören.
Lass uns in unserer Familie
mit dem Frieden anfangen.
Amen.

Freunde

Freunde lügen sich nicht an,
Freunde betrügen sich nicht,
Freunde streiten manchmal,
das ist nicht schlimm, wenn man sich
hinterher wieder versöhnt.
Lieber Gott, hilf mir, dass ich immer
ein guter Freund bin.
Bleibe du mein guter Freund.
Amen.

Eltern

Lieber Gott,
meine Eltern haben gestritten.
Ich weiß nicht, wer recht hat.
Ich mag sie beide gleich gern.
Gib doch bitte, dass sie sich
wieder versöhnen.

Der Nächste in der Ferne

Mein Nächster kann ganz fern sein
in einem andern Land,
er soll mir nah im Herrn sein,
wird mir sein Leid bekannt.

Kann ich ihm auch nicht raten,
nicht einmal mit ihm reden,
bin ich zu schwach zu Taten,
so kann ich für ihn beten.

Hilf mir helfen, Herr und Gott!
Wie leicht, in guter Zeit,
vergisst man doch des Nächsten Not
und ist nicht hilfsbereit.

Erst wenn man selbst in Nöten schwebt
und bang in Sorgen ist,
merkt man, wie sehr man einsam lebt,
wenn jeder uns vergisst.

Doch du mein Gott, du bist nicht weit,
selbst wenn wir dich vergessen.
Gib dass wir, auch in guter Zeit,
dies Wunder recht ermessen.

Füll mein Herz mit Liebe an,
verbanne Hass und Neid.
Hilf mir, dass ich helfen kann,
und mach mich hilfsbereit.
Amen.

Du sollst nicht Stehlen

So heißt eines der zehn Gebote,
die Gott den Menschen gegeben hat,
damit sie besser miteinander auskommen.
Wer dieses Gebot bricht, ist ein Dieb.
Manchmal versucht eine böse Stimme in dir
dich zu überreden, im Laden, im Kindergarten,
in der Schule etwas wegzunehmen,
was dir nicht gehört.
Wenn das einmal passiert, solltest du den
Schaden wieder gut machen
und um Verzeihung bitten.
Du sollst vor allem nicht auf andere hören,
die dich zum Stehlen anstiften.
Ein wirklich guter Freund wird nie so etwas
von dir verlangen.

Ein reines Herz, Herr, schaff in mir,
schließ zu der Sünde Tor und Tür,
vertreibe sie und lass nicht zu,
dass sie in meinem Herzen ruh.

Lieber Gott,
hilf mir, dass ich nicht nur an mich denke, dass ich nicht alles für mich haben will, sondern auch mal mit anderen teile.
Amen.

Lieber Gott,
manchmal hätte ich gern,
was andere haben,
manchmal würde ich gern
etwas mitnehmen,
was ich im Laden sehe,
manchmal sage ich nicht die Wahrheit,
manchmal schummle ich beim Spielen.
Dann hab ich ein schlechtes Gewissen.
Verzeih mir und hilf mir,
dass ich fair und ehrlich bin.

Mein Gott,
verzeih mir,
dass ich heute Unrecht getan habe.
Bitte hilf mir,
dass das nicht wieder vorkommt.
Gib mir die Kraft,
der Versuchung zu widerstehen.

Tischgebete

Nicht alle Kinder bekommen ein Mittagessen!
Es gibt Kinder, für die keiner sorgt.
Und es gibt Kinder, die in Ländern leben,
in denen viele Menschen an Hunger sterben.
Bei uns werfen viele Leute Brot
und Nahrungsmittel achtlos weg.
Wer zuviel zu essen hat,
soll lieber anderen etwas abgeben.
Und wir sollten Gott dafür danken,
wenn wir am gedeckten Tisch sitzen.

O Gott, dir sei für Speis und Trank,
für alles Gute Lob und Dank.
Du gabst und wirst auch wieder geben,
dich preise unser ganzes Leben.
Amen.

Alle guten Gaben,
alles, was wir haben,
kommt o Gott von dir!
Dank sei dir dafür.

Lass uns Herr, beim Trinken, Essen
deine Güte nicht vergesssen,
teil uns deine Liebe aus,
füll mit Frieden Herz und Haus.

Lieber Gott,
für Speis und Trank
hab vielen Dank.

O Gott, von dem wir alles haben,
wir danken dir für deine Gaben.
Du speisest uns, weil du uns liebst,
so segne auch, was du uns gibst.

Komm, Herr Jesus, sei unser Gast
und segne, was du uns bescheret hast.

Wir danken dir, Herr Jesus Christ,
dass du unser Gast gewesen bist.
Amen.

Jedem Tier gibst du zu essen,
jede Blume trinkt von dir,
hast auch meiner nicht vergessen,
lieber Gott, ich danke dir!

O Gott, du nährst in Wald und Feld
die Tiere unterm Himmelszelt.
So gib doch auch ihr täglich Brot
den armen Menschen in der Not.

Durch deine Gnade haben wir
auch heute unser Brot.
Wir nehmens hin und danken dir,
du lieber, treuer Gott.

Eine Hochzeit

Vielleicht durftest du schon mal auf einer Hochzeit Blumen streuen?
Die Gäste sind an diesem Tag besonders festlich angezogen.
Die Braut und der Bräutigam versprechen Gott am Altar, dass sie ein Leben lang in Freud und Leid füreinander da sein wollen.
Als Mann und Frau. Und später vielleicht als Familie. Das ist nicht immer einfach.

Gott, sieh doch heut auf dieses Paar,
es steht vor dir am Traualtar.
Schenk ihm auf allen seinen Wegen
Gesundheit, Glück und deinen Segen.
Amen.

Eine Taufe

*Am Sonntag wird in der Kirche
ein Kind getauft.
Die ganze Familie ist versammelt.
Auch andere Leute aus der Gemeinde sind
gekommen, denn es ist schön, dabei zu sein,
wenn ein kleines Kind
unter den Schutz Gottes gestellt wird.
Es wird gesegnet und bekommt seinen Namen.*

Mein Gott, der du die Kinder liebst,
ich bin getauft in deinem Namen.
Ich bitte, dass du mir vergibst,
wenn ich gesündigt habe.
Amen.

Erntedank

Menschen, die in den großen Städten wohnen,
kriegen oft gar nicht mehr mit,
wie wichtig es ist, dass Gottes Segen
auf Wiesen und Feldern ruht
und dass die Ernte gut ausfällt.
In manchen Ländern auf der Welt
hängt von einer guten Ernte heute noch
das Leben von tausenden von Menschen ab.

Lieber Gott,
wir bitten dich
um eine gute Ernte.
Um gute Zeugnisse,
um Erfolg im Beruf.
Segne unsere Arbeit
und alles, was wir tun.
Amen.

Du hast, o Herr, des Jahres Lauf
gekrönt in deiner Macht,
der Felder Samen gingen auf,
es glänzt der Erde Pracht.

Du hast das ganze Land erfreut,
du ließest Regen fließen,
dass aus der dunklen Erd erneut
die Halme konnten sprießen.

Nun wogt das reife Korn im Tal,
nun gibt es keine Not.
Nun jauchzt und singt man überall,
denn du gibst uns das Brot.

Trauer und Traurigkeit

Glück und Unglück, Freude und Traurigkeit
liegen oft ganz dicht beisammen.
Zum Leben gehört auch der Tod.
Wenn ein Mensch, den man sehr lieb gehabt hat,
plötzlich nicht mehr da ist, möchte man
am liebsten den ganzen Tag weinen.
Wie soll man das bloß aushalten?
Da braucht man dringend Trost.
Wenn man am Grab steht und ein Gebet spricht,
ist es, als ob man mit dem Verstorbenen redet.
Er ist jetzt bei Gott.
Aber die Erinnerung an ihn ist noch auf Erden,
solange es Menschen gibt,
die sein Bild im Herzen tragen.

Lieber Gott,
bitte hilf allen, die einen lieben Menschen verloren haben und tröste sie.
Gib ihnen Kraft und Stärke, damit sie mit ihrer Traurigkeit fertig werden.
Amen.

Wo Menschenkraft längst muss versagen,
da hilf doch du das Leid uns tragen,
wo keinen Ausweg wir mehr sehn,
da lass den rechten Weg uns gehn.

Lieber Vater im Himmel,
ich bitte dich, hilf doch den Menschen,
die heute Nacht vor Traurigkeit
nicht schlafen können.
Tröste die,
die um einen lieben Menschen weinen,
und hilf den Kranken,
ihre Schmerzen zu ertragen.
Wir danken dir für Deine Güte.
Amen.

Abendgebete

Abends ist die beste Zeit zum Beten.
Da liegt man im Bett
und kann nochmal in Ruhe
den ganzen Tag überdenken.
Vielleicht beten Papa, Mama
oder die Großeltern mit dir.
Aber du kannst auch ganz allein beten.
Beten ist nicht schwer.
Du kannst laut oder leise beten.
Du kannst das Gebet auch bloß flüstern
oder denken.
Gott hört dich immer!

Beschütz die Kinder groß und klein,
die Frechen und die Braven,
behüte auch die Eltern mein
und lass sie ruhig schlafen.

So ein schöner Tag war heute,
lieber Gott, und so viel Freude
hat er wieder mir gebracht.
Dankbar sag ich gute Nacht.

Mit den Menschen hab Erbarmen,
denke auch an alle Armen,
schütze du die Eltern mein,
lass uns ruhig schlafen ein.

Die Blumen und Vögel
sind längst schon zur Ruh,
jetzt mache auch ich
meine Augen gleich zu.
Ruhig schlaf ich, ruhig träum ich
die ganze Nacht,
weil droben im Himmel
mein Gott mich bewacht.

Müde bin ich, geh zur Ruh,
schließe meine Augen zu.
Vater, lass die Augen dein
über meinem Bette sein.

Hab ich Unrecht heut getan,
sieh es lieber Gott nicht an,
deine Gnad und Christi Blut
machen allen Schaden gut.

Alle, die mir sind verwandt,
Gott lass ruhn in deiner Hand.
alle Menschen groß und klein,
sollen dir befohlen sein.

Kranken Menschen sende Ruh,
nasse Augen schließe zu.
Lass den Mond am Himmel stehn
und die stille Welt besehn.

Gott, der du heute mich bewacht,
beschütze mich auch diese Nacht.
Du sorgst für alle, groß und klein,
drum schlaf ich ohne Sorgen ein.

Du hast den Tag gegeben,
du nimmst ihn wieder hin.
Du Gott, umfängst mein Leben
und schützt mich, seit ich bin.

Hab Dank für deine Güte,
deinen Schutz und dein Geleit,
du treuer Gott, behüte
mich bis in Ewigkeit.

Das Vaterunser

ist das Gebet, das Jesus Christus uns gelehrt hat. Er nannte es als Beispiel dafür, wie man mit Gott, seinem Vater, sprechen kann. Es wird seit zweitausend Jahren von den Christen in aller Welt gebetet.

Vater unser im Himmel,
geheiligt werde dein Name.
Dein Reich komme.
Dein Wille geschehe,
wie im Himmel so auf Erden.
Unser tägliches Brot gib uns heute.
Und vergib uns unsere Schuld,
wie auch wir vergeben unsern Schuldigern
Und führe uns nicht in Versuchung,
sondern erlöse uns von dem Bösen.
Denn dein ist das Reich und die Kraft
und die Herrlichkeit in Ewigkeit.
Amen.